Verena Greene-Christ

W0278442

Monika Klinkert

# Liebe Leserin,
# lieber Leser!

*Glasperlenschmuck – weit mehr als nur Gegenstände zur Zierde, durch das Anlegen von Schmuck kommt die Kreativität des Menschen zum Ausdruck.*
*Von alters her haben Glasperlen durch ihren Wert und ihre Schönheit immer mehr an Bedeutung gewonnen. Auch heute sind Glasperlen der wahre Trendsetter. Halsketten, Ohrringe, Armbänder, Ringe – was lässt sich nicht alles daraus anfertigen. Ob rund oder oval, ob glatt oder reich verziert, Glasperlen üben stets eine besondere Faszination auf den Betrachter aus.*
*Im Handel bietet sich eine unendliche Vielzahl von Perlen und Zubehör, dabei wächst der Wunsch, mit diesen wunderschönen Materialien zu arbeiten.*
*Ein herzliches Dankeschön an dieser Stelle den Firmen Rayher, KnorrPrandell, Groh art&fashion und Ranbit Deutschland für die Bereitstellung des Perlenmaterials sowie Vera Möller für ihre tatkräftige Mithilfe bei einigen Projekten.*

*Viel Spaß mit Ihrem neuen Schmuck!*

Verena Greene-Christ    Monika Klinkert

# Inhaltsverzeichnis

# Material & Werkzeug

## Perlen

Die Vielzahl der im Handel erhältlichen Perlen macht die Wahl der richtigen Perle für ein Schmuckstück nicht leicht. Für die Modelle in diesem Buch wurden sowohl handgefertigte Glasperlen als auch maschinengefertigte Glas- und Wachsperlen verarbeitet – von glatt und glänzend über facettiert bis hin zu krakelierten Perlen und vielen anderen. Die verarbeiteten Perlen reichen von Rocailles mit einem Durchmesser von 2,2 bis 3 mm bis hin zu Glasperlen mit einem Durchmesser von 2 cm und in einigen Fällen noch größeren Perlen. Perlen werden in der Regel in Dosen oder Beuteln zu 10 und 100 Stück oder zu 10 bis 30 g angeboten, handgefertigte Perlen sind meist stückweise erhältlich.

## Zubehör

**Schmuckdraht**, 0,45 oder 0,60 mm stark, besteht aus nylonummantelter Edelstahllitze. Vorteil des Schmuckdrahtes ist, dass er sich den verschiedensten Formen anpassen kann, sein Nachteil: Ist er einmal geknickt, lässt er sich kaum wieder glatt arbeiten.
**Perlonfaden** ist im Handel in Stärken von 0,15 mm bis 0,45 mm erhältlich.
**Elastische Perlonfäden** für Armbänder sollten wenigstens 0,5 mm stark sein.
**Schmuckverschlüsse** gibt es in jeder Ausführung und Größe. Handelsüblich sind Karabiner, Schraub- und Ringverschlüsse. Zumeist werden sie aus nickelfreien Metallen angeboten, erhältlich sind aber auch Verschlüsse in Echtgold und Silber.

Für die Herstellung von Anhängern und Ohrhängern verwendet man **Niet-** oder **Kettelstifte** mit Ösen oder flachen Stoppern. Die gängigen Größen sind hier 50 x 0,6 bis 0,7 mm.
**Ösen** und **Ringe** oder auch fertige Kettenglieder am Meter sind hilfreich, wenn Halsketten gearbeitet oder Anhänger befestigt werden sollen, es gibt sie rund und oval, ab 0,3 mm Durchmesser, offen und geschlossen.
Für die Fertigung von Ohrringen werden **Ohrhaken**, **Brisuren** oder **Stecker** verwendet. Sie sind im Handel in den Farben Silber, Gold, Platin und Kupfer erhältlich, außerdem kann zwischen glänzend, mattiert und patiniert gewählt werden.

## Zangen und Kleber

Für das Schließen von Quetschperlen verwendet man eine schmale Flach- oder Quetschzange. Zum Biegen von Ösen an Schmuckdraht und Niet- und Kettelstiften sollte eine Rundzange zur Hand sein. Zum Abkneifen von Schmuckdraht wird ein Seitenschneider benötigt. Es gibt auch kombinierte Schmuckzangen, die sowohl einen Bereich zum Abkneifen von Draht als auch einen zum Zusammendrükken von Quetschperlen haben.
Soll eine Perle aufgeklebt oder etwas am Schmuckstück angebracht werden, dann sollte spezieller Schmuckkleber verwendet werden, da dieser die Struktur der Perlen nicht angreift.

# Grundanleitungen

## Arbeiten mit einem Draht

**A. Anfang:**
1. Draht in gewünschter Länge abkneifen.
2. Quetschperle, Rocaille oder größere Perle und Verschluss auffädeln.
3. Den Draht, ohne ihn zu knicken, ca. 5 cm um die Verschlussöse herum zurück durch Rocaille und Quetschperle fädeln, etwas herausschauen lassen.
4. Das lange Drahtende so weit zuziehen, dass eine kleine Öse am Verschluss bleibt. Quetschperle zusammendrücken.
5. Kurzes Drahtende nicht abschneiden, sondern durch die nächsten Perlen schieben.

**B. Abschluss:**
1. Sind alle Perlen bis zum Ende aufgefädelt, wieder Quetschperle, Rocaille und Verschlussgegenstück auffädeln.
2. Nun das Drahtende, ohne den Draht zu knicken, wie am Anfang befestigen.
3. Quetschperle zusammendrücken. Drahtende abkneifen.

## Arbeiten mit zwei Drähten

**A. Anfang:**
1. Verschluss mittig auffädeln, Drahtenden zusammenfassen, ohne zu knicken.
2. Rocaille oder größere Perle und Quetschperle auf beide Drähte fädeln.
3. Perlen so weit an den Verschluss schieben, dass nur eine kleine Öse am Verschluss bleibt. Quetschperle fixieren.

**B. Abschluss:**
1. Die Quetschperle und Rocaille auf beide Drähte aufziehen. Verschlussgegenstück auf einen Draht fädeln.
2. Diesen Draht um die Verschlussöse herum zurück durch Rocaille, Quetschperle und zwei bis drei Perlen ziehen. Der zweite Draht bleibt stehen.
3. Drahtende so weit anziehen, dass wieder eine Öse entsteht. Quetschperle zusammendrücken. Beide Drahtenden abkneifen.

## Arbeiten mit drei und mehr Drähten

**A. Anfang:**
1. Verfahren gemäß: Arbeiten mit zwei Drähten, A, Schritt 1 bis 3.
2. Weitere Drähte abkneifen und in die Quetschperle und die Rocaille oder größere Perle einschieben. Quetschperle zusammendrücken.
3. Werden noch weitere Drähte benötigt, eine größere Perle auf jeden zweiten Draht fädeln, danach je eine Quetschperle, und weitere Drähte einschieben (siehe Schritt 2). Quetschperlen zusammendrücken.
4. Die einzelnen Drähte bestücken.

**B. Abschluss:**
1. Jeden Draht gleich lang beenden, längere Drahtenden stehen lassen.
2. Bei vielen Drähten drei bis vier Drähte durch je eine Quetschperle und eine Rocaille oder größere Perle – wie am Anfang – fädeln. Quetschperlen zusammendrücken.
3. Auf die letzten zwei bis drei Drähte eine Quetschperle und eine Rocaille aufziehen. Verschluss auf einen der Drähte fädeln, die anderen bleiben stehen.
4. Draht um die Verschlussöse herum zurück durch die Rocaille, Quetschperle und zwei bis drei Perlen ziehen. Quetschperle zusammendrücken. Drahtenden abkneifen.

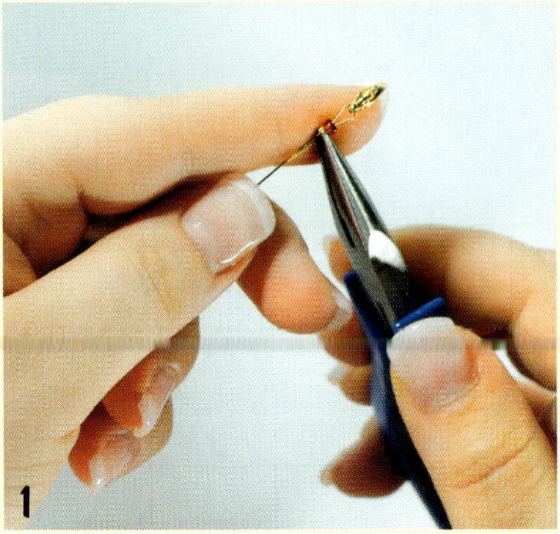

1

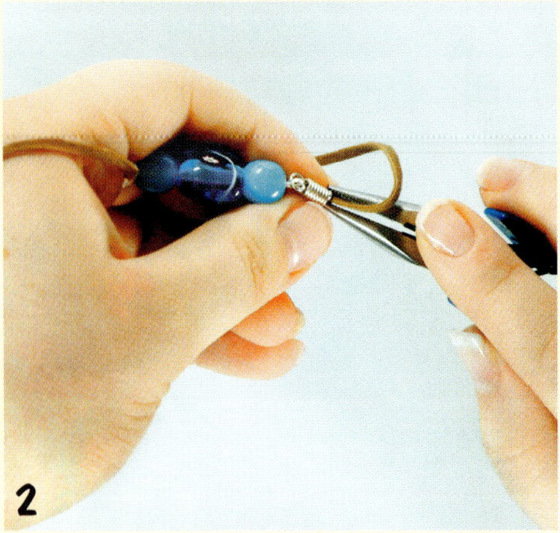

2

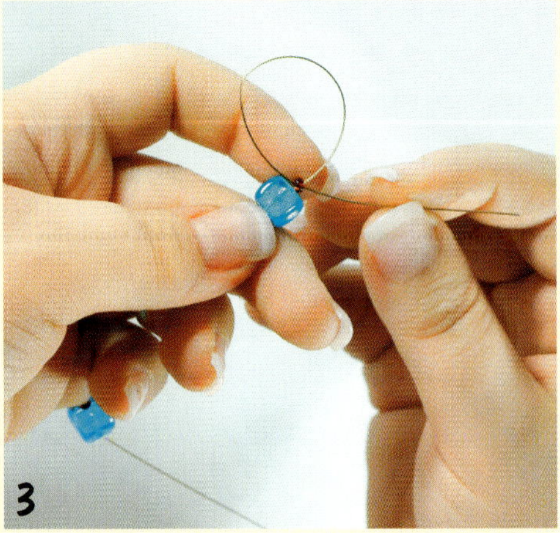

3

# Grundkurs Schmuck fertigen

**1. Befestigung des Schmuckdrahtes:** Quetschperle und eine Rocaille oder größere Perle auf den Schmuckdraht fädeln. Das Drahtende durch die Verschlussöse und zurück durch Perle und Quetschperle führen, etwas überstehen lassen. Das lange Ende des Drahtes so weit anziehen, dass unterhalb der Verschlussöse eine Schlinge bleibt. Quetschperle zusammendrücken. Das Ende der Kette gegengleich arbeiten. Drahtenden abschneiden.

**2. Verwendung von Spiralklemmen:** Die hier präsentierten Modelle wurden auf Schmuckdraht und Elastikfaden gefädelt. Wer gerne mit Lederbändchen arbeitet, sollte Spiralklammern verwenden. Das Lederband an einem Ende verknoten. Den Knoten in die Klemme schieben. Mit einer schmalen Zange die letzte Spirale fassen und über dem Lederband zusammendrücken.

**3. Umschlingen einer Rocaille:** In der Regel wird als Stopper zwischen Perlen eine Quetschperle gesetzt. Eine elegantere Lösung ist das Umschlingen von Rocailles. Ist der Verschluss befestigt, eine Rocaille auf den Schmuckdraht ziehen. Mit etwas Abstand zum Verschluss die Rocaille festhalten. Das Ende des Drahtes in einer Schlaufe zum zweiten Mal durch die Rocaille fädeln und anziehen. Nun eine gewünschte größere Perle und eine weitere Rocaille aufziehen. Beide Perlen eng an die erste Rocaille schieben. Den Draht wie vorher zum zweiten Mal durch die zweite Rocaille fädeln und anziehen.

**4. Wechselseitiges Auffädeln:** Um Abstand zwischen größeren Perlen zu halten, können wechselseitig kleinere Perlen aufgefädelt werden. Dazu einen doppelt so langen Schmuckdraht wie benötigt abschneiden. Verschluss mittig auffädeln, Drahtenden fassen, Rocaille und Quetschperle aufziehen und so weit an den Verschluss schieben, dass eine kleine Schlaufe bleibt. Quetschperle zusammendrücken. Eine weitere Rocaille oder eine kleine Perle auf beide Drähte aufziehen, bis an die Quetschperle schieben. Nun abwechselnd kleine Perlen auf einen bzw. beide Drähte aufziehen, bis zur ersten größeren Perle. Danach das abwechselnde Auffädeln kleinerer Perlen wiederholen. So kann der Abstand zwischen den größeren Perlen durch mehr oder weniger wechselseitig aufgefädelte kleine Perlen geregelt werden.

**5. Anhänger Schritt A:** Für Bettelarmbänder oder Ohrhänger werden Kettel- oder Nietstifte verwendet. Die gewünschten Perlen auf den Drahtstift fädeln, ggf. auf die richtige Länge kürzen. Mit der Rundzange das Ende des Drahtstiftes fassen. Den über die Perlen herausstehenden Draht nach hinten biegen.

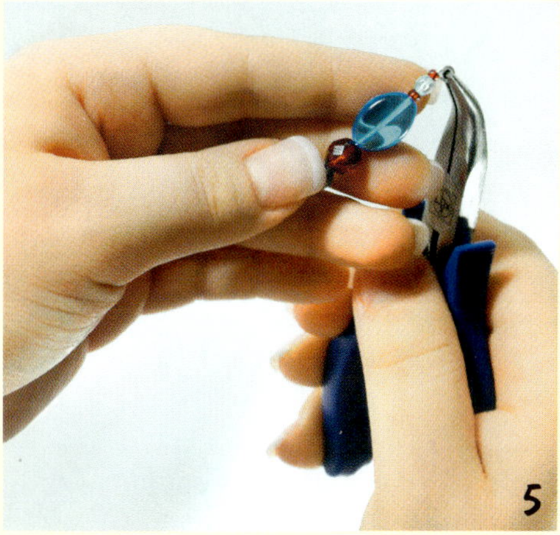


**6. Anhänger Schritt B:** Nun den Draht nach vorn über die Zange abrollen. Es entsteht eine saubere Öse, die in Ohrringe oder Kettenglieder von Armbändern eingehängt werden kann. Die Öse durch Umbiegen ganz schließen.

# Festliches Gold

## Kette

Beginn: Arbeiten mit drei und mehr Drähten, A. Anfang (Seite 5).
Draht 1: Zehn Rocailles in Perlmutt, Würfel, elf Rocailles in Perlmutt, sieben Perlen, Swarovski® Würfel auffädeln.
Draht 2 und 3: Je ca. elf Perlen, beide Drähte durch ein Quadrat in Bicolor fädeln. Draht 2: 15 Rocailles in Perlmutt, zwei Perlen in Gold (Ø 4 mm). Draht 3: Sechs Rocailles in Perlmutt, Rhombe in Topaz.
Draht 4: Durch die ersten fünf Perlen von Draht 3 mit hindurchfädeln. Zwölf Rocailles in Perlmutt, zwei Tropfen in Helltopaz, durch Rhombe von Draht 3 ziehen.
Draht 5: 14 Rocailles und Perlen, Walze in Blattgold-Topaz, vier Perlen auffädeln.
Draht 6: Beliebig Perlen auffädeln, Drahtende durch Walze von Draht 5 fädeln, fünf Perlen aufziehen.
Draht 1, 2 und 5 von oben und Draht 3, 4 und 6 von unten durch den Taler fädeln.
Weiter, wie oben beschrieben, Perlen bunt gemischt auffädeln.
An unterschiedlichen Punkten zwei oder mehr Drähte zusammen durch Perlen ziehen.
Beenden: Arbeiten mit drei und mehr Drähten, B. Abschluss (Seite 5), Verlängerungskette mit anbringen, Kettelstift mit Glasperle am letzten Glied befestigen.

## Armband und Ohrringe

Das Armband wie die Kette fertigen, Restperlen beliebig auffädeln.
Für die Ohrringe die Verlängerungskette halbieren. Jede Hälfte in drei unterschiedlich lange Stücke teilen, auf eine Öse aufziehen und an der Ohrstecker-Öse befestigen. Glasperlen oder Rocailles auf Kettelstifte ziehen, Enden umbiegen, an den Kettengliedern einhängen.

## Material

- *6 Perlen, rund, in Blattgold und Blattgold-Topaz, Ø ca. 1 cm*
- *3 Walzen in Blattgold und Blattgold-Topaz, ca. 2 cm*
- *4 Perlen, oval, in Blattgold und Blattgold-Topaz, ca. 2 cm*
- *3 Rechtecke in Bicolor: Honig und Topaz, ca. 1 cm*
- *4 Taler in Blattgold-Honig, Ø ca. 2 cm*
- *2 Quadrate in Bicolor: Blattgold-Topaz, ca. 1 cm*
- *4 Würfel in Topaz-Aventurine, ca. 1–1,5 cm*
- *5 Swarovski® „Würfel", 1 cm*
- *4–5 Zwischenteile aus Metall und Glas in Gold und Gold, transparent, Ø 1 cm*
- *10 g Facettenperlen „Tropfen" in Helltopaz, 7–8 mm*

- 10–15 g Facettenperlen „Rhombe" in Topaz, 1 cm
- 15 g Rocailles, rund, in Perlmutt, Ø 2,5–3 mm
- 15 g Glasstifte in Gold und mit Goldeinzug, Ø 2,5–3 mm
- 10 g Rocailles, rund, in Honig, Ø 3,5–4 mm
- 10 g Perlen, rund, in Gold, Ø 4 mm
- 10 g Rocailles oder Perlen mit Topaz-Einzug, Ø 4 mm
- 2 Verschlüsse in Gold
- 8 Quetschperlen in Gold
- Schmuckdraht in Gold, Ø 0,45 mm, ca. 3,30 m (Kette), ca. 1 m (Armband)
- 2 Verlängerungsketten in Gold, ca. 12 cm
- 9–11 Kettelstifte in Gold, Ø ca. 0,7 mm, 60 mm
- Ohrstecker in Gold
- 2 Ösen in Gold, Ø ca. 1,2 mm

# Margeriten

## Kette

1. Die Kette beginnen gemäß Punkt A der Grundanleitung „Arbeiten mit drei und mehr Drähten", Seite 5.

2. Nun 15 Rocailles und Perlen verschiedener Größe und Farbe gemischt auf den mittleren Schmuckdraht fädeln, gefolgt von einer ovalen gelben Glasperle.

3. Dann abwechselnd 27 Rocailles und Glasperlen in verschiedenen Größen und Farben auf den zweiten Schmuckdraht aufziehen. Das Drahtende durch die ovale gelbe Perle fädeln.

4. Jetzt 34 Rocailles und Glasperlen gemischt in verschiedenen Größen und Farben auf den dritten Schmuckdraht aufziehen, dann das Drahtende ebenfalls durch die ovale gelbe Perle fädeln. Die beiden äußeren Drähte sollten jeweils einen Halbbogen bilden, dessen Größe durch Hinzufügen oder Herausnehmen einzelner Perlen und Rocailles variiert werden kann.

5. Wie in Schritt 2 bis 4 beschrieben, sieben weitere Bögen fädeln, die abwechselnd in Margeriten und ovalen Glasperlen zusammengefasst werden.

6. Die Kette abschließen gemäß Punkt B der Grundanleitung „Arbeiten mit drei und mehr Drähten", Seite 5. Als Verschlussgegenstück eine Verlängerungskette verwenden.

## Haarclip

Eine Margerite mit Perlonfaden am Haarclip befestigen. Den Faden mehrmals verknoten. Zwei Perlonfäden von 20 und 25 cm Länge unter der Margerite einfädeln und jeweils verknoten. Abwechselnd wie folgt fädeln: eine Quetschperle, sofort zusammendrücken, eine Rocaille oder eine etwas größere Perle, eine Quetschperle, sofort zusammendrücken. Diese Fädelfolge mehrmals wiederholen, dabei aber die Quetschperlen in größeren Abständen setzen.

## Material

- *4 Margeriten, Ø ca. 19 mm*
- *4 Perlen, oval, in Gelb mit Verzierung, ca. 1,4 x 1 cm*
- *je 15 Perlen, farblos und in Gelb, Ø 5–5,5 mm*
- *32 Perlen, farblos, Ø 4–4,5 mm*
- *5 g Perlen in Perlmutt, Ø 5–5,5 mm*
- *5 g Rocailles, rund, in Neongelb, Ø 2–3 mm*
- *5 g Rocailles, rund und Cremette, farblos mit Silbereinzug, Ø 2–3 mm*
- *5 g Rocailles, rund, in Weiß oder mit Weißeinzug, Ø 2–3 mm*
- *Verschluss in Silber*
- *Verlängerungskette in Silber, ca. 5 cm*
- *Schmuckdraht in Weiß, Ø 0,45 mm, ca. 1,50 m*
- *Haarclip*
- *Perlonfaden, Ø 0,25 mm, 50 cm*
- *42 Quetschperlen*

# Meeresbrise

## Kette

**1.** Vier Ösen zu einer Kette verbinden. Facettenperle, größere Swirl und Facettenperle auf einen Kettelstift ziehen, diesen am untersten Kettenglied befestigen. Für die Anhänger zwei 12 bis 15 cm lange Stücke Schmuckdraht abschneiden. Rocaille, kleinere Swirl und Quetschperle aufziehen. Ein Drahtende um die Rocaille zurück durch Swirl und Quetschperle fädeln, bis es über der Quetschperle herausschaut. Quetschperle fixieren. Rocaille und Swirl sollten keinen Spielraum haben. Zweiten Anhänger mit der kleineren Swirl ebenso vorbereiten. Je eine Facettenperle auf die Drahtenden ziehen.

**2.** Schmuckdraht halbieren. Quetschperle, zwei große Swirl, Quetschperle mittig auf beide Drähte auffädeln. Erstes Drahtende mit der kleineren Swirl von rechts durch das oberste Kettenglied stecken und rechts durch große Swirl und Quetschperle ziehen. Spielraum an der kleineren Swirl lassen. Quetschperle fixieren. Drahtende der zweiten kleinen Swirl von links durch das oberste Kettenglied des Anhängers stecken und links durch große Swirl und Quetschperle ziehen, Spielraum lassen. Quetschperle fixieren. Je eine kleine Perle in Türkis rechts und links neben die Quetschperlen auf alle drei Drähte ziehen. Drahtenden an kleinen Swirls abschneiden.

**3.** Rechte Kettenseite: Würfel und Facettenperle auf beide Schmuckdrähte ziehen. Würfel auf einen Draht fädeln, dann eine Bicolor-Perle auf beide Drähte fädeln. Bis zur gewünschten Länge fädeln: Würfel auf einen Draht, Facettenperle auf beide Drähte, Würfel auf einen Draht, Bicolor-Perle auf beide Drähte. Mit zehn Facettenperlen in gleicher Art weiterfädeln, Quetschperle und Facettenperle aufziehen. Beenden: Arbeiten mit zwei Drähten, B. Abschluss (Seite 5). Linke Seite gegengleich fertig stellen.

## Ohrringe

Facettenperle, große Swirl, Facettenperle auf je einen Kettelstift ziehen, Drahtenden zur Öse biegen, in die Ohrhakenösen einhängen und schließen.

## Material

- *4 Rechtecke in Bicolor: Türkis-Grün mit Blattsilber unterlegt, ca. 2 cm*
- *5 Swirl-Perlen in Türkis-Grün, ca. 3 cm*
- *2 Swirl-Perlen in Türkis-Grün, ca. 2 cm*
- *36–38 Facettenperlen, rund, in Helltürkis, Ø 6–7 mm*
- *8 Würfel in Türkis, 1 cm*
- *2 Rocailles in Helltürkis*
- *Verschluss in Silber*
- *6 Quetschperlen in Silber*
- *Schmuckdraht in Hellblau, Ø 0,45 mm, 2 m*
- *4 Ösen in Silber*
- *3 Kettelstifte in Silber, Ø ca. 0,7 mm, 60 mm*
- *2 Ohrhaken in Silber*

# Feuerblume

## Kette

**1.** Zuerst mittig eine Siegellackperle auf den Schmuckdraht fädeln. Nun auf der linken Seiten folgende Perlen auf den Draht reihen: Böhmische Perle in Rot, Swarovski® Perle, Böhmische Perle in Rot, Siegellackperle, Böhmische Perle in Orange, Siegellackperle, Böhmische Perle in Orange, Siegellackperle, Böhmische Perle in Orange, Swarovski® Perle, Böhmische Perle in Orange, Siegellackperle, Böhmische Perle in Orange. Dann viermal abwechselnd eine Swarovski® Perle und eine Böhmische Perle in Orange aufreihen.

**2.** Die rechte Seite des Schmuckdrahtes ebenso bestücken, hier jedoch den Farbwechsel beachten, d. h. jeweils statt der Böhmischen Perlen in Rot, Böhmische Perlen in Orange auffädeln und die Perlen in Orange durch Perlen in Rot ersetzen.

**3.** Zum Abschluss an den Drahtenden je zwei Quetschperlen aufnehmen, den Verschluss auffädeln, eine Schlaufe ausformen und durch die beiden Quetschperlen fixieren.

## Armband

Einen Teil vom Verschluss auffädeln, eine Schlaufe bilden und mit einer Quetschperle fixieren.
Folgenden Rapport viermal arbeiten: Böhmische Perle in Rot, Antiksilberteil, Böhmische Perle in Orange, Antiksilberteil, dann noch eine Böhmische Perle in Rot, eine Antiksilberteil und zuletzt eine Böhmische Perle in Orange anschließen.
Das Verschlussgegenstück aufnehmen und mit einer Quetschperle fixieren.

**Tipp:** *Natürlich können die beiden Seiten der Kette auch in herkömmlicher Weise gegengleich gearbeitet werden, oder es werden durchgehend im Wechsel rote und orangefarbene Perlen gefädelt. Wer es klassisch und edel mag, reiht eine Kette passend zum Armband auf, nur aus Böhmischen Glasperlen und Antiksilberteilen.*

## Material

- *9 Siegellackperlen „Blüte in Orange", 10 x 14 mm*
- *17 Böhmische Cracleperlen in Orange, Ø 10 mm*
- *17 Böhmische Cracleperlen in Rot, Ø 10 mm*
- *14 Swarovski® Perlen in Klar, Ø 6 mm*
- *9 Antiksilberteile „Trommel", 10 x 6 mm*
- *Schmuckdraht, nylonummantelt, in Schwarz, Ø 0,4 mm, 48 cm*
- *Knebelverschluss „Herz", 15 mm*
- *4 Quetschperlen*
- *Knebelverschluss, rund, Ø 14 mm*
- *Elastischer Perlonfaden, Ø 0,5 mm, ca. 25 cm*

# Rosarot

## Kette

1. Verschluss mittig auf den Schmuckdraht ziehen, auf beide Enden eine runde farblose Rocaille und eine Quetschperle fädeln, an den Verschluss schieben, bis sich oberhalb der Rocaille eine Öse bildet. Quetschperle fixieren.

2. Facetten- und Quetschperle auf beide Drähte ziehen, bis an die ersten Perlen schieben, festhalten, Drahtenden durch beide Perlen zurückfädeln. Quetschperle fixieren. Die Drähte im Knick durchtrennen, es entstehen vier ca. 49 cm lange einzelne Drähte. 21 Kettelstifte mit Glasperlen, neun mit Rocailles und größeren Perlen bestücken. Stifte entsprechend kürzen, Enden zu Ösen biegen.

3. Auf alle vier Drähte jeweils bis zu 15 Perlen fädeln, dazwischen zwei Kettelstifte. Je zwei Drähte zusammen durch eine Perle führen. Fünf bis zehn Perlen auffädeln, dazwischen Kettelstifte. Ab und zu zwei Drähte durch eine Perle fädeln. Diese Fädelfolge bis zur gewünschten Kettenlänge wiederholen. Beenden gemäß: Arbeiten mit drei und mehr Drähten (siehe Seite 5).

4. Acht Rosen an Silberdraht befestigen, diesen mehrmals um ein Ende der Kette wickeln, dann eng um einen der vier Drähte bis zum anderen Ende wickeln. Je zwei Satinbänder mittig durch die Drahtösen ziehen, mit Knoten sichern.

## Ohrringe

Acht Kettelstifte mit Rocailles und größeren Perlen, zwei mit je einer Rocaille und einer Dreikantperle bestücken, Enden zu Ösen biegen. Je eine Rose mit Silberdraht an der unteren Öse eines Kettelstiftes anbinden. Silberösen leicht aufbiegen, Stifte auffädeln, durch die Ohrhakenöse ziehen und zusammenbiegen.

## Material

- *Perlen, rund und leicht abgeflacht, Ø ca. 1 cm, 4 in Rosé, 4 in Aubergine*
- *15 Dreikantperlen in Rosé, ca. 1,2 cm*
- *20 Facettenperlen, farblos, Ø 5–6 mm*
- *20 Perlen, rund in Lachs oder Hellrosé, Ø 5–6 mm*
- *4 Perlen, rund, in Pink-Lachs marmoriert, Ø 1 cm*
- *5 g Rocailles mit pinkfarbenem Einzug, Ø 2,5 mm*
- *5 g Rocailles, Cremette, farblos, Ø 4,5 mm*
- *5 g Rocailles, rund, farblos, Ø 2,5–3 mm*
- *5 g Rocailles, rund, farblos mattiert, Ø 4,5 mm*
- *Satinband in Rosa, 1 cm breit, 4-mal 30 cm*
- *4 Quetschperlen in Silber*
- *Schmuckdraht in Rosa, Ø 0,45 mm, 2 m*
- *40 Kettelstifte in Silber, Ø ca. 0,7 mm, 60 mm*
- *10 Deko-Röschen, einzeln oder am Draht, in Pink*
- *2 Ohrhaken in Silber*
- *2 Ösen in Silber, Ø 1,5–2 mm*
- *Silberdraht, Ø 0,6 mm, ca. 1 m*

# Wir gehen fischen

## Kette

Verschluss mittig auf 1,5 m langen Draht aufziehen. Quetschperle auf beide Drahtenden fädeln, bis unter den Verschluss schieben, festhalten. Drahtende (75 cm) mit in die Quetschperle stecken, fixieren. Fisch und Quetschperle auf alle drei Drähte ziehen, Quetschperle fixieren.
Draht 1: Quetschperle aufziehen, fingerbreit unter den Fisch schieben, fixieren. Auffädeln: Röhrchen, sieben Rocailles, rote Perle, 16 Rocailles, Fisch, zwei Rocailles, Würfel, sechs Rocailles, Metallteil, fünf Rocailles, Quetschperle, diese fixieren.
Draht 2: Quetschperle aufziehen, handbreit zum Verschluss fixieren. Auffädeln: Fünf Rocailles, rote Perle, Würfel, rote Perle, zehn Rocailles, Fisch, drei Rocailles, Metallteil, drei Rocailles, rote Perle, Rocaille und Quetschperle, diese fixieren.
Draht 3: Quetschperle aufziehen, ein Garnende mit hineinnehmen, handbreit zum Verschluss fixieren. Garn 8 cm fest um den Draht wickeln. Quetschperle aufziehen, Garn durchfädeln, fixieren. Röhrchen über den umwickelten Draht bis an die obere Quetschperle ziehen. Röhrchen zusammendrücken. Drei Rocailles, rote Perle, Röhrchen, fünf Rocailles, Metallteil, zwei Rocailles und Quetschperle aufziehen, fixieren.
Draht 1: Quetschperle aufziehen, in 7 bis 8 cm Abstand zur letzten fixieren. Beliebig Teile auffädeln, mit Quetschperle sichern.
Draht 2 und 3, wie oben beschrieben, bestücken, ab und zu mit Garn umwickeln, unterschiedlich lange Stücke frei lassen.
Beenden: Arbeiten mit drei und mehr Drähten, B. Abschluss (Seite 5).
40 cm Garn mittig in der Verschlussöse verknoten. Perlen, Rocailles und Metallteile aufziehen. Dazwischen je eine Rocaille mit einem Knoten umschlingen. Enden unterschiedlich lang lassen. Als Abschluss Rocaille oder Metallteil mit Knoten sichern.

## Ohrringe

Zwei 10 cm lange Garnstücke mittig in der Ohrhakenöse verknoten, fest anziehen. Auf je ein Garnende einige Rocailles und einen Fisch aufziehen, ab und zu eine Rocaille mit einem Knoten umschlingen. Garnenden mit Quetschperlen sichern.

## Material

- *10 Fische in Rot-Gelb, ca. 2,2 cm*
- *12 Perlen, rund und leicht abgeflacht, in Rot, Ø ca. 1 cm*
- *13–15 Metallteile „Fisch“, „Schnecke“, „Muschel“, „Seestern“ in Silber, 1–1,5 cm*
- *6 Metall-Würfel in Silber, 6–7 mm*
- *10 Metall-Röhrchen in Silber, 5 mm*
- *2 Glasperlen in Gelb, Ø 10 mm*
- *10 g Rocailles in Rot, Ø 3 mm*
- *Verschluss in Silber, 24 Quetschperlen*
- *Schmuckdraht in Rot, Ø 0,45 mm, 75 cm und 1,5 m*
- *Knopflochgarn oder Stickgarn in Rot*
- *2 Ohrhaken*

# Primavera

## Kette

1. Eine Quetschperle auf den Schmuckdraht fädeln, das Ende des Drahtes zu einer Schlaufe legen, den Verschluss dabei mit aufnehmen und die Schlaufe mit der Quetschperle fixieren.

2. Dann die farbigen Glasperlen und die Metallperlen in folgendem Rapport viermal aufreihen: Metallperle, Dreieck in Blau, Metallperle, Würfel in Grün, Metallperle, Dreieck in Rot, Metallperle, Würfel in Gelb. Nun mit einer Metallperle, einem Dreieck in Blau und noch einer Metallperle abschließen.

3. Am Drahtende wieder eine Quetschperle auffädeln, eine Schlaufe legen, dabei den Spaltring mit aufnehmen und die Quetschperle zusammendrücken.

## Armband

1. Folgenden Rapport dreimal auf den Stretch-Magic-Faden aufreihen: Metallperle, Würfel in Gelb, Metallperle, Dreieck in Rot, Metallperle, Würfel in Grün, Metallperle, Dreieck in Blau. Dann noch eine Metallperle und ein Würfel in Grün auffädeln.

2. Die Enden des Stretch-Magic-Fadens verknoten und dabei eine Metallperle über den Knoten ziehen.

**Tipp:** *Duch die Wahl anderer Farben lässt sich diese Kreation jeder Jahreszeit anpassen. Topas und Oliv nehmen zum Beispiel die Herbstfarben der Natur auf, Kristall und Aquamarin erinnern an klare Winterluft.*

## Material

- *8 Glasperlen „Würfel" in Grün*
- *7 Glasperlen „Würfel" in Gelb*
- *7 Glasperlen „Dreieck" in Rot*
- *8 Glasperlen „Dreieck" in Blau*
- *31 Metallperlen, matt, in Silber*
- *2 Quetschperlen, platiniert*
- *Schmuckdraht, nylonummantelt, matt, in Silber, Ø 0,5 mm,1,40 m*
- *Spaltring in Silber*
- *Karabinerschließe*
- *Stretch Magic, Ø 0,8 mm, 50 cm*

# Frühlingstraum

## Kette

**1.** Zuerst alle Anhänger vorbereiten. Je Ohrring einige größere Perlen zurückbehalten. Nun bunt gemischt Rocailles, größere farblose Perlen und große Glas- und Glaswachsperlen nach Belieben auf Kettelstifte auffädeln.

**2.** Beim Aufziehen auf die Kettelstifte auch einige Kugeln mit Metallendkappen versehen und eventuell Metallzwischenteile zwischen den Glasperlen aufziehen. Die Kettelstifte in unterschiedlicher Länge gestalten. Alle Drahtenden zu Ösen biegen.

**3.** Nun die Kette beginnen gemäß: Arbeiten mit einem Draht, A. Anfang (Seite 5).

**4.** Drei farblose Perlen auffädeln, danach den ersten Anhänger aufziehen. Immer abwechselnd zwei Perlen, farblos oder in Rosa oder Pfirsich, und einen Anhänger auffädeln, dazwischen gleichmäßig verteilt die acht Linsen aufziehen. Insgesamt sollte die Kettenlänge zwischen 45 und 50 cm betragen.

**5.** Nun die Kette abschließen gemäß: Arbeiten mit einem Draht, B. Abschluss (Seite 5).

## Ohrringe

Für jeden Ohrring zwei größere Perlen zusammen mit einigen Rocailles auf zwei Kettelstifte ziehen. Einen Kettelstift etwas kürzer als den anderen gestalten, dazu das Drahtende einkürzen. Die Enden jeweils zu einer Öse biegen. Die Ösen der Kettelstifte in die Ösen der Ohrhaken einhängen.

**Tipp:** *Ein ganz anderer Eindruck entsteht, wenn diese Kette und die Ohrringe nur mit gleich großen Glasperlen und Rocailles in einer Farbe gefertigt werden.*

## Material

- *35–40 Glasperlen und Glaswachsperlen in verschiedenen Größen und Formen: Kugeln, Herzen, Blätter, Walzen, Tropfen, farblos und in Rosa, Aubergine, Grün, Pfirsich*
- *8 Perlen „Linse", in Rosa und Pfirsich, 1,5 cm*
- *30 Perlen in Rosa oder Pfirsich in unterschiedlichen Größen (z. B. von Ø 4,5–8 mm)*
- *55 Perlen, farblos, in unterschiedlichen Größen (z. B. von Ø 5–8 mm)*
- *ca. 20 Rocailles, rund, in Rosa und farblos*
- *Verschluss in Silber*
- *2 Quetschperlen in Silber*
- *Schmuckdraht Silber, Ø 0,45 mm, ca. 65 cm*
- *33 Kettelstifte in Silber, Ø ca. 0,7 mm, 60 mm*
- *8–10 Endkappen in Silber in verschiedenen Größen*
- *eventuell Mini-Metallzwischenteile*
- *2 Ohrhaken in Silber*

# Indira

## Kette aus Ringen

1. Vom Schmuckdraht 24 Stücke von jeweils 8 cm abtrennen. Auf jedes Drahtstück ein Glasherz oder Cat's eye Mille Fleurs und eine goldene Stiftperle auffädeln.

2. Dann die Drahtringe schließen, indem das andere Ende ebenfalls durch die Stiftperle geschoben wird. Auf die beiden Enden, die rechts und links aus der Stiftperle herausstehen, je eine Quetschperle aufschieben und diese zusammendrücken.

3. Bei dem nächsten Ring genauso verfahren, aber zusätzlich den vorhergehenden Ring mit aufnehmen.

4. Diesen Vorgang so lange wiederholen, bis alle Ringe zu einer Kette verbunden sind. Kettenverschluss und Spaltring anbringen.

## Armbänder

Für die Armbänder werden drei 22 cm lange Stücke Stretch Magic bestückt: In beliebiger Fädelfolge Stiftperlen und Glasherzen auf das eine Armband, Stiftperlen und Cat's eye Mille Fleurs auf ein weiteres und Glasherzen und Cat's eye Mille Fleurs auf das dritte Armband fädeln. Die Enden verknoten.

**Tipp:** *Auf die einzelnen Ringe können auch noch einige Teile mehr aufgezogen werden.*
*Apart wirkt auch, wenn auf jeden vierten Ring eine andersfarbige Perle gefädelt wird. Zu den hier verwendeten grünen Perlen würden zum Beispiel einige tiefrote Glasperlen eine tolle Wirkung erzielen.*

## Material

- *Ca. 50 Cat's eye Mille Fleurs in Grün*
- *ca. 50 Glasherzen in Grün, 15 g*
- *ca. 60 Stiftperlen in Gold, 5 x 2 mm*
- *Schmuckdraht, nylonummantelt, in Gold, Ø 0,4 mm, 2 m*
- *Kettenverschluss in Gold, Ø 6 mm*
- *Spaltring, vergoldet, Ø 7 mm*
- *48 Quetschperlen in Gold*
- *Stretch Magic, Ø 0,8 mm, 3-mal 22 cm*

# Bella Donna

## Enge Kette

Mittig auf zwei 36 cm lange Drähte den Kessel aufziehen. Beide Seiten gleich arbeiten. Je Draht Swarovski® Perle, Rocaille, Glaswürfel, Rocaille, Polarisperle und Rocaille auffädeln. Zweimal fädeln: Auf beide Drähte zusammen eine Silberperle aufziehen, je Draht Rocaille, Polarisperle, Rocaille, Swarovski® Doppelkegel, Rocaille, Glaswürfel, Rocaille, Polarisperle, Rocaille. Auf beide Drähte zusammen Glaswürfel, zehn Rocailles, Glaswürfel, 15 Rocailles, Quetschperle und Verschluss fädeln, Enden zurück in die Quetschperle legen, fixieren.

## Lange Kette

Auf eine 2 cm große Schlaufe den Kessel aufziehen, Schlaufe mit Quetschperle sichern. Hier wird die Kette in der Länge variiert. Fädeln: 20 Rocailles, Polarisperle, fünf Rocailles, Swarovski® Perle, zehn Rocailles, Glaswürfel, 20 Rocailles und Silberperle. Viermal fädeln: zehn Rocailles, Glaswürfel, zehn Rocailles, Polarisperle, zehn Rocailles, Swarovski® Perle. Zuletzt fädeln: fünf Rocailles, Silberherz, 15 Rocailles, Glaswürfel, fünf Rocailles, Polarisperle, zehn Rocailles, Swarovski® Perle, fünf Rocailles, großer Silberwürfel, Polarisperle, zehn Rocailles, Glaswürfel, fünf Rocailles, Swarovski® Perle, 20 Rocailles, kleiner Silberwürfel, mit Quetschperle sichern.

## Ohrringe

10 cm Perlonfaden durch die Swarovski® Perle ziehen. Auf beide Fäden je vier braune Rocailles auffädeln und beide durch einen Glaswürfel ziehen. Den längeren Faden bestücken (ca. 12 cm). Nach einer Rocaille durch das Fädelmuster zurückgehen. Wieder Perlen aufreihen und durch alle zurückgehen. Noch einmal Perlen auffädeln, mit einer Quetschperle sichern. Den 10-cm-Faden bestücken, mit Quetschperle sichern. Große Swarovski® Perle auf die Platine kleben. Zweiten Ohrring ebenso arbeiten.

## Material

- *2 Glasschliffsteine mit Kessel in Rosa-Chiffon, Ø 14 mm*
- *21 Swarovski® Perlen in Rosa-Chiffon, Ø 8 mm*
- *4 Swarovski® Doppelkegel in Amethyst, Ø 6 mm*
- *31 indische Glaswürfel in Multicolor, 6 x 7 mm*
- *32 Polarisperlen in Brombeer, Ø 6 mm*
- *5 Silberperlen in 925er-Sterlingsilber, Ø 10 mm*
- *Silberherz in 925er-Sterlingsilber, 12 x 12 mm*
- *Silberwürfel in 925er-Sterlingsilber, 6 x 6 mm*
- *Silberwürfel in 925er-Sterlingsilber, 10 x 5 x 5 mm*
- *Rocailles in Braun, Ø 2 mm, Dose à 17 g*
- *42 Rocailles mit Silbereinzug in Brombeer, Ø 2,6 mm*
- *Schmuckdraht in Silber, Ø 0,4 mm, 2-mal 36 cm, 1-mal 75 cm*
- *Verschluss in Silber, 8 Quetschperlen*
- *2 Ohrstecker mit Platine, Schmuckkleber*
- *Perlonfaden, Ø 0,25 mm, 2-mal 50 cm*

# Fantasie

## Kette

1. Quetschperle und Herz auf roten Schmuckdraht fädeln. Verschluss aufziehen, zurück durch Herz und Quetschperle fädeln, Drahtende etwas überstehen lassen, aber nicht abschneiden. Quetschperle fixieren. Wieder Herz und Quetschperle auffädeln. Das Herz auf das überstehende Drahtende schieben. Grünen und blauen Draht durch die Quetschperle in das Herz schieben. Quetschperle fixieren.

2. Nun locker verteilt sieben bis neun Rocailles in Hellgrün, Rot und Topaz auf die drei einzelnen Drähte ziehen, dazwischen eine größere runde Perle einfügen.

3. Alle drei Drähte durch das Quadrat in Bicolor: Blattgold-Topaz fädeln.

4. Schritt 2 wiederholen. Alle Drähte durch eine Perle in Hellcreme ziehen. Eine gelbe Perle auf einen Draht fädeln. Zehn bronzefarbene Rocailles auf den zweiten Draht ziehen, zehn grüne auf den dritten. Mit allen Drähten durch eine Perle in Hellcreme fädeln.

5. Schritt 4 wiederholen. Mit den drei Drähten abwechselnd durch verschiedene Perlen fädeln, die Kette sollte 45 bis 50 cm lang werden. Wenn ca. 25 cm erreicht sind, die nächsten 25 cm gegengleich fertigen.

6. Den Abschluss wie folgt fädeln: Eine Quetschperle und ein Herz auf alle drei Drähte ziehen. Quetschperle fixieren. Zwei der Drähte oberhalb des Herzens abschneiden. Dann eine Quetschperle und ein Herz auf den verbliebenen roten Draht ziehen. Drahtende durch die unterste Öse der Verlängerungskette, die vorher auf 6 cm eingekürzt werden sollte, und durch den Verschluss ziehen und wieder zurück durch Herz und Quetschperle stechen. Quetschperle fixieren. Drahtende abschneiden. Rocaille und Würfel auf einen Kettelstift ziehen, Ende zur Öse biegen, diese ins letzte Kettenglied einhängen und dann die Öse zusammenbiegen.

## Bettelarmband

1. 20 Kettelstifte mit Perlen bestücken und auf die richtige Länge einkürzen, die Enden zu Ösen biegen.

2. Reste der Schmuckdrähte für das Armband verwenden. Anfang des Armbandes gegengleich zur Kette beginnen. Auf jeden Draht vier bis sechs verschiedene Perlen fädeln, dazwischen gut verteilt die Kettelstifte aufnehmen.

3. Nach vier bis sechs Perlen alle drei Drähte durch je eine beliebige Perle ziehen. Auch den Abschluss des Armbandes wie das Ende der Kette fertigen.

**Tipp:** *Ein wunderschönes Schmuckstück entsteht auch, wenn die Formen beibehalten werden, jedoch nur in einer Farbe gearbeitet wird.*

## Material

**Handgefertigte Glasperlen**
- *4 Perlen, oval, in Gelb, ca. 1,4 x 1 cm*
- *2 Quadrate in Bicolor: Blattgold-Topaz, ca. 2 cm*
- *3 Rechtecke in Bicolor: Türkis-Grün, ca. 2 cm*

**Weitere Perlen und Zubehör**
- *ca. 20 Herzen in Weiß irisierend, 6 mm*
- *10 Perlen, rund, transparent, in Hellcreme, Ø 5 mm*
- *12 Perlen, rund, krakeliert, in Honig, Ø 1 cm*
- *12 Perlen, rund, in Honig, Ø 1 cm*
- *12 Würfel in Türkis, 1 cm*
- *Rocailles, rund, in Gold, Bronze oder Topaz, Hellgrün, Rot und farblos, je ca. 3 g*
- *2 Verschlüsse in Gold*
- *Schmuckdraht, Ø 0,45 mm, in Blau, Rot und Hellgrün, je ca. 75 cm*
- *Verlängerungskette in Gold, 12 cm*
- *6 Quetschperlen in Gold*
- *21 Kettelstifte in Gold, Ø 0,7 mm, 50 mm*

# Black & White

## Halskette

**1.** Beginnen gemäß Punkt A der Grundanleitung „Arbeiten mit einem Draht", Seite 5. Zwei farblose Perlen (Ø 4,5 mm), sechs Rhomben gedreht, Rocaille, weiße Scheibe (Ø 0,8–1 cm), Tonne, weiße Scheibe (Ø 0,8–1 cm) auffädeln.

**2.** Acht schwarze Rocailles aufziehen. Mit dem Drahtende zurück durch die siebente bis erste Rocaille stechen, Draht anziehen. Sieben schwarze Rocailles auffädeln, wieder zurück durch die sechste bis erste Rocaille.

**3.** Facettenperle, Caterpillar, Facettenperle auffädeln. Schritt 2 mit weißen oder farblosen Rocailles wiederholen.

**4.** Runde Glasperle, Rechteck mit Tupfen, runde Glasperle aufziehen. Schritt 2 abwechselnd mit schwarzen Rocailles und farblosen Perlen (Ø 4,5 mm) wiederholen. Nach Belieben drei bis vier Glasperlen und Schritt 2 in variabler Farbfolge wiederholen. Schließen gemäß Punkt B der Grundanleitung „Arbeiten mit einem Draht", Seite 5.

## Armband und Ohrringe

Je fünf Rocailles oder vier größere Perlen auf zehn Kettelstifte ziehen, Enden zu Ösen biegen. Perlen und Stifte auf einen Elastikfaden fädeln, Enden mit Knoten sichern. Auf den zweiten Strang im Wechsel zwei bis drei Perlen auffädeln und die losen Enden der Kettelstifte aufziehen. Fadenenden verknoten. Je Ohrring Rocaille, gestreifte Walze und drei Rocailles auf einen Kettelstift ziehen, Ende umbiegen und in den Ohrhaken einhängen.

## Material

- *5 Tonnen in Weiß-Schwarz gestreift, Ø ca. 1 cm*
- *6 Walzen in Weiß-Schwarz gestreift, ca. 2 cm*
- *4 Caterpillars in Weiß-Schwarz, ca. 2 cm*
- *5 Rechtecke mit Tropfen in Weiß-Schwarz, ca. 1,5 x 2 cm*
- *4 Dreiecke, transparent, in Weiß, ca. 1,5 cm*
- *3 Scheiben, transparent, in Weiß, Ø ca. 1,7–2 cm*
- *2 Ringe mit Tropfen in Weiß, Ø ca. 1,2 cm*
- *2 Perlen, rund, in Weiß-Schwarz, Ø ca. 1 cm*
- *Dreieck in Weiß-Schwarz gestreift, ca. 2 cm*
- *30 Perlen, rund, farblos, Ø 4,5 mm*
- *10 Perlen, rund, farblos, Ø 5 mm*
- *8 Perlen, rund, farblos, Ø 6–7 mm*
- *6 Perlen, rund, krakeliert, farblos, Ø 6–7 mm*
- *14 Facettenperlen, rund, farblos, Ø 8–9 mm*
- *16 Perlen „Scheibe" in Weiß, Ø 0,8–1 cm*
- *12 Perlen „Rhombe gedreht" in Weiß, 1 cm*
- *2–3 Perlen „Rhombe" in Schwarz, 1 cm*
- *Rocailles, rund und Cremette, in Weiß, Schwarz und farblos, matt, je 10 g*
- *Schmuckdraht in Silber, Ø 0,45 mm, 1,5 m*
- *Verschluss in Silber, 2 Quetschperlen*
- *Elastischer Perlonfaden, Ø 1 mm, ca. 50 cm*
- *12 Kettelstifte in Silber, Ø ca. 0,7 mm, 60 mm*
- *2 Ohrhaken in Silber*

# Impressum

**Entwürfe und Realisation:** Verena Greene-Christ (Seiten 4–13, 16–19, 22/23, 28–31),
Monika Klinkert (Seiten 14/15, 26/27),
KnorrPrandell (Seiten 20/21, 24/25)
**Lektorat:** Regina Sidabras
**Redaktion:** Petra Hassler
**Fotos und Styling:**
Melanie Röhrig (Seiten 3, 6/7, 13, 27, 29, 31),
Oswald Visuelle Medien (Seiten 8–11, 16–26)
**Umschlaggestaltung:** Stefan Hagen
**Entwurf und Illustration „Klipp-Klapper":**
Stefan Hagen
**Layout und Produktion:** buchkonzept@web.de
**Druck und Verarbeitung:** J. P. Himmer, Augsburg

**ISBN 3-89858-846-7**
**ISBN 978-3-89858-846-1** (gültig ab 01. 01. 2007)

**© 2006 in der OZ-Verlags-GmbH, Rheinfelden**
**Buchverlag OZ creativ, Freiburg**
**Alle Rechte vorbehalten**

Die Texte und Bilder in diesem Buch sind urheberrechtlich geschützt. Eine gewerbliche Verwendung ohne Zustimmung des Verlages ist strafbar. Dies gilt auch für eine Vervielfältigung bzw. Verbreitung über elektronische Medien.

Autorinnen und Verlag haben alle Angaben und Anleitungen mit größtmöglicher Sorgfalt zusammengestellt. Dennoch kann bei Fehlern keinerlei Haftung für direkte oder indirekte Folgen übernommen werden.

**CREATIV-HOTLINE**
**WIR SIND FÜR SIE DA!**

Brauchen Sie einen Ratschlag zum Thema Handarbeiten, Basteln oder Dekoration? Haben Sie Fragen zu einer Anleitung oder zu einer speziellen Creativtechnik? Unsere Fachbearbeiterinnen helfen Ihnen gerne weiter:

**Montag bis Freitag von 10.00 bis 16.00 Uhr unter der Rufnummer:**

**0 76 23 / 96 44 17**

Oder schicken Sie eine Postkarte an:
**OZ Verlag GmbH,**
Leser-Service, Römerstraße 90,
79618 Rheinfelden